Abecé
Visual

El Abecé Visual de

LOS ANIMALES DOMÉSTICOS Y DE GRANJA

Common-Core
Quality & Substance

www.CommonCore.SantillanaUSA.com

Abecé
Visual

© de esta edición: 2013, Santillana USA Publishing Company, Inc.
2023 NW 84th Ave, Doral FL 33122

Publicado primero por Santillana Ediciones Generales, S. L.
C/Torrelaguna, 60 - 28043 Madrid

Coordinación editorial: Área de Proyectos Especiales.
Santillana Ediciones Generales, S. L.

REDACCIÓN Y EDICIÓN
Marcela Codda

ILUSTRACIÓN
Carlos Escudero por Acuatromanos Estudio
Color digital: Juan Pablo Eberhard

DISEÑO DE CUBIERTAS
Gabriela Martini y asociados

FOTOGRAFÍA
p. 19: © teekaygee / Shutterstock.com

El abecé visual de los animales domésticos y de granja
ISBN: 978-84-9907-013-1

Printed in USA by Nupress of Miami, Inc.
16 15 14 13   1 2 3 4 5 6 7 8 9

Índice

¿**Cómo** es la vida en el gallinero?

Las gallinas y los gallos se crían en recintos llamados gallineros. Allí los animales deben contar con todo lo que necesitarían en estado natural: agua, alimento, cobijo, temperatura adecuada, buena ventilación y espacio para que excaven y hagan ejercicio. Si las condiciones son óptimas, mayor será la producción de huevos de las gallinas. Hay gallineros que están destinados a las aves productoras de huevos; otros, a la producción de carne, y los más completos cumplen las dos funciones.

Las gallinas necesitan unas 14 horas de luz diaria para estar en condiciones de poner huevos. En los gallineros se utilizan lámparas para compensar la falta de luz natural, especialmente durante el invierno.

Los nidos de las gallinas se cubren de heno. Debajo de esta hierba siempre hay algún material absorbente. Para asegurar la higiene, el heno se cambia periódicamente.

Las aves reciben complejos vitamínicos y vacunas. Para evitar que enfermen, también se desinfecta de forma periódica el gallinero.

En los gallineros familiares la dieta de las aves es variada. Pueden consumir semillas de maíz, restos de alimentos, desperdicios de la huerta y salvado de trigo. También suele haber plantas con frutos comestibles.

Los primeros corrales

Hace unos 8000 años las tribus nómadas de China e India descubrieron que, además de recolectar los huevos de los pájaros silvestres, podían atrapar varias gallinas en pequeños corrales y cuidarlas para que les proporcionaran huevos. Aquellos animales se convirtieron en las primeras aves de corral y de ellas también se obtenía carne.

Producción avícola

En las grandes granjas de producción avícola, las aves no viven en buenas condiciones. Las gallinas se apiñan en jaulas muy pequeñas, en las que ni siquiera pueden estirar sus alas. Lo único que hacen es poner huevos y comer. Como las gallinas no caminan ni escarban la tierra, sus uñas crecen largas y torcidas. En esas condiciones, muchos animales mueren por enfermedades de los huesos.

El gallinero se cierra de noche para evitar que las aves sean atacadas por depredadores, como los zorros o las comadrejas.
De día, las aves pueden corretear al aire libre en la zona descubierta.

Un ambiente más

En las zonas frías los campesinos agregan al gallinero un sector con invernadero donde las aves pueden recibir la luz del sol sin sufrir los rigores del clima. Allí prosperan plantas para alimentar a las aves, y las gallinas obtienen la luz necesaria para empollar.

El piso es de tierra apisonada y permite que las gallinas escarben para encontrar gusanos, que también son parte de su dieta.

¿**Cómo** se comportan los perros?

Los perros *(Canis lupus familiaris)* son sociables y muestran una enorme variedad de comportamientos frente a las personas y otros animales. Con frecuencia, al observar su actitud se puede descubrir qué les pasa o qué quieren expresar. La postura de las orejas y del cuerpo en general, además de los movimientos de la cola, pueden ser indicadores de lo que quiere «decir» un perro.

La cola en movimiento, las orejas gachas y la boca abierta pero relajada son signos de alegría y buena disposición.

La boca cerrada, las patas rectas y la cola semierguida, más bien baja, indican que el perro está estudiando la situación. Sus movimientos son lentos y su mirada está fija en lo que observa.

Cuando están contentos, a menudo ladran con intención de jugar.

Los perros bajan las patas delanteras y arquean el lomo para demostrar que están contentos. Es también una invitación a jugar.

Para los malos tiempos

Los perros tienen comportamientos muy semejantes a los de sus antepasados. Por ejemplo, es habitual que escondan comida o juguetes en hoyos hechos en el jardín o bajo los cojines de casa, previniendo tiempos de escasez.

Los perros utilizan sus excrementos o su orina para marcar territorio, tanto olfativa como visualmente. Cuando un perro orina en un sitio marcado por otro, está sugiriendo su superioridad sobre el contrario.

¿Quién es el jefe?

En estado natural, los perros viven en jaurías en las que hay jefes y líderes. Las jerarquías están muy marcadas en la relación de los perros entre sí y con las personas. En el encuentro entre dos perros, el dominante se mostrará agresivo, colocándose sobre el otro, con una pata apoyada sobre su cuello y la mirada fija en él. El perro sumiso se echará de costado, colocará la cola entre las patas y evitará mirar a los ojos al dominante. De esta manera se establece una jerarquía que no cambiará jamás.

Glándulas con información

Al lado del rabo, el perro tiene glándulas sebáceas que segregan un olor particular que revela información sobre sus características, una especie de carné de identidad, y solo puede ser detectado por otro perro. Por eso, para reconocerse, los perros se olisquean alrededor de la cola.

El antecesor del perro es el lobo común. La domesticación no solo fue cambiando sus características físicas, sino también su agresividad, haciéndolo más dócil y manejable.

Un buen amigo

El perro, como animal domesticado, ya acompañaba al ser humano del Paleolítico. Se le considera un animal inteligente por su capacidad para pensar, aprender e incluso resolver problemas. Suelen llegar a vivir entre 10 y 15 años, dependiendo de la raza. Parece ser que el lobo gris es su ancestro, pero hoy día hay perros de todos los tamaños y características; se pueden llegar a contabilizar más de 500 razas distintas.

¿**Por qué** los gatos son buenos cazadores?

L os gatos domésticos *(Felis silvestris catus)* son los felinos más pequeños que existen. Tienen muy buena vista y excelente oído, y su esqueleto es flexible y fuerte. Se mueven bien en la oscuridad, debido a que sus ojos están provistos de una capa reflectante, *Tapetum lucidum,* que sirve para que la luz se refleje en la retina y aumente la cantidad de luz hasta 30 o 40 veces más.

La cola cambia de posición y, en el momento del salto, acompaña el estiramiento del cuerpo y contribuye a mantener el equilibrio.

Las patas tienen uñas retráctiles que se extienden cuando están a punto de atrapar o golpear a la presa. Gracias a que mantienen las garras retraídas, las uñas están siempre afiladas.

Las patas traseras son musculosas y largas y le permiten dar grandes saltos sin necesidad de tomar impulso. Cuando un gato salta, el cuerpo se alarga y se estrecha.

Los bigotes, llamados *vibrisas,* son pelos con nervios sensitivos y funcionan como el sentido del tacto. Con ellos los gatos captan cualquier movimiento del aire. Si el animal está relajado, los bigotes se echan hacia delante; si está en tensión, hacia atrás.

Huesos de gato

Los gatos tienen más de 230 huesos, fuertemente unidos a los músculos por los tendones. Poseen una columna vertebral muy flexible, patas traseras largas y fuertes patas delanteras. Su esqueleto está especialmente preparado para la caza y es semejante al de los demás felinos.

El gato adorado

Hacia el año 2500 a. C., en el antiguo Egipto, los gatos eran considerados animales sagrados y estaba prohibido exportarlos. Cuando morían se les guardaba luto. Los egipcios adoraban a la diosa gata Bastet, símbolo del amor y de la fertilidad. Embalsamaban y momificaban a los gatos reales (las mascotas de los faraones) y los enterraban en tumbas preparadas especialmente para ellos, en pequeños ataúdes con forma de gato.

Patas multiuso

Las garras de los gatos tienen cinco dedos con uñas muy afiladas, poseen almohadillas sin pelo con las que pueden caminar sigilosamente y amortiguar las caídas. Las uñas permiten que los gatos hagan ascensos verticales y se aferren al suelo cuando corren.

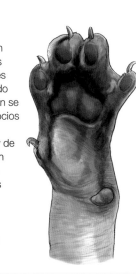

Expertos en caídas

A los gatos les gustan las alturas y son capaces de caminar sobre superficies muy pequeñas. En ellos, los órganos del equilibrio, los ojos y el cerebro actúan rápidamente para acomodar su cuerpo y amortiguar el golpe en caso de caída. Cuando están a punto de tocar el suelo, generalmente las patas se relajan para dar más suspensión y absorber el impacto.

Las orejas pueden moverse de forma independiente una de la otra. Actúan como radares que se orientan hacia la fuente del sonido para captar hasta el mínimo ruido.

Ojos de gato

Cuando hay mucha luz, la pupila del gato se contrae tanto que parece una fina raya vertical. En la oscuridad, en cambio, se dilata hasta ocupar todo el ojo. De esta manera logra captar hasta la luz más débil.

Los gatos, al igual que los demás felinos, tienen mandíbulas cortas y potentes con dientes muy afilados.

Los bigotes de los gatos son pelos sensores que poseen haces de nervios. Con ellos pueden detectar movimientos, por mínimos que sean, en su entorno más cercano y les ayudan a maniobrar con precisión en la oscuridad.

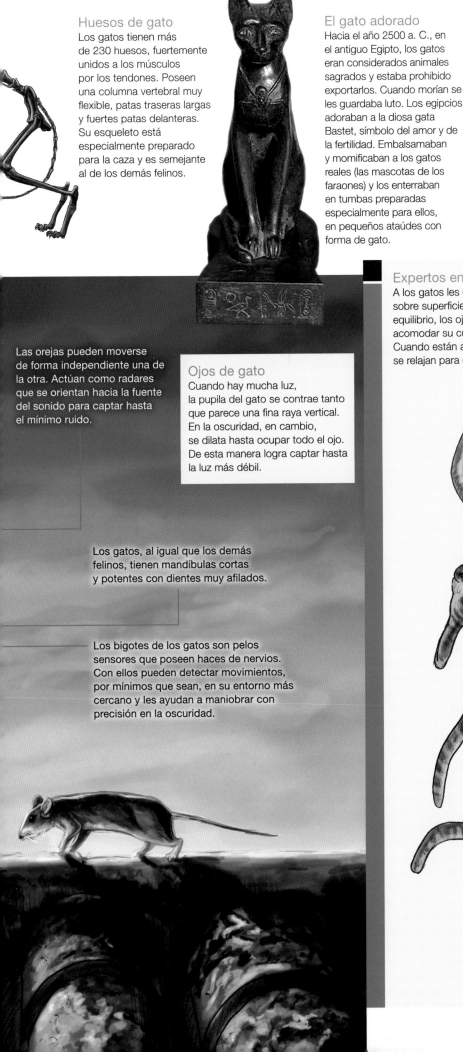

¿**Qué** guía a las
palomas mensajeras?

L as palomas (*Columbidae*) reconocen muy bien la ubicación de su nido. Su ritmo vital se asocia con la intensidad de la luz, el magnetismo de la Tierra y las temperaturas del lugar donde viven. Por eso, cuando se sueltan lejos de su hogar, siempre viajan en dirección a un lugar que tenga las características propias de su morada. También reconocen puntos determinados de los alrededores, lo que les permite encontrar con más precisión sus nidos.

Las palomas tienen el pico corto y blando. Esto les permite succionar el agua en lugar de echar la cabeza hacia atrás como las demás aves. Pueden picotear granos del suelo y engullirlos sin partirlos.

Los machos inflan las plumas del cuello y la cabeza para atraer a las hembras. También abren sus alas y se pasean a su alrededor para llamar su atención.

Son aves medianas, de cuello corto y robusto, con plumas de diversos colores. Las más comunes suelen tener un plumaje oscuro tornasolado en la cabeza y el cuello.

No saltan como gran parte de las aves. Caminan acompañando su andar con el vaivén de sus cabezas.

Suelen alimentarse en lugares abiertos donde, además de conseguir semillas, granos y frutas, tienen la posibilidad de escapar fácilmente ante una situación de peligro.

Mensajeras y meteorólogas

En los últimos tiempos se están empleando palomas mensajeras para obtener información sobre la contaminación del aire. Estas palomas experimentales no llevan rollitos de pergamino ni mensajes escritos en tinta invisible como antaño. En su espalda cargan con sensores de polución y un equipo receptor de GPS (Sistema de Posicionamiento Global) que transmite información sobre la altura y el nivel de polución que hay en cada sector del aire.

Símbolo de paz

En la simbología universal, una paloma blanca con una rama de olivo en el pico representa la paz. Esta simbología remite al relato bíblico del arca de Noé, en el que una paloma blanca fue enviada para ver cómo estaba el mundo tras el diluvio universal y regresó con una ramita de olivo, lo que confirmaba que las aguas que inundaban la Tierra habían bajado.

Los palomares

Como las palomas no dedican demasiado tiempo a la construcción de nidos, sus criadores construyen palomares donde estas aves pueden descansar y cuidar a sus pichones sin problemas ni riesgos. Un palomar debe tener buena ventilación, estar bien orientado y mantenerse seco para que sus habitantes no enfermen.

Un órgano especial

Como las palomas no tienen dientes, no pueden moler ni triturar las semillas que comen. Lo que engullen lo envían a una especie de bolsa, llamada buche, que está en continuo movimiento. También tragan piedras pequeñas que entran en el buche y ayudan a triturar y ablandar las semillas.

Cuando son jóvenes, tienen el iris marrón, pero en la adultez se vuelve anaranjado. En todos los casos tienen muy buena vista. Su visión es en colores.

Además de los plumones que calientan su piel y las plumas que dan forma a su cuerpo, las palomas tienen un plumaje especializado con terminaciones nerviosas. Con ellas pueden detectar los cambios de presión.

Tienen patas que varían entre el rojo y el negro grisáceo y terminan en garras oscuras. Los criadores les ponen anillos que indican que son de su propiedad.

Correo alado

Desde tiempos muy antiguos las palomas mensajeras se usaron para transmitir mensajes, dar o recibir órdenes, indicar la ubicación de un sitio o, incluso, hacer espionaje. Se les ataba un rollito de papel o pergamino con el mensaje en una de las patas y se las echaba a volar.

¿**Hablan** realmente los loros?

Los loros *(Psittacidae)* poseen un órgano vocal entre la tráquea y los bronquios, denominado siringe, y una lengua carnosa y móvil. Por eso, pueden dar forma al aire y emitir sonidos. En realidad, estas aves no hablan, sino que tienen una gran capacidad para repetir e imitar sonidos, incluso las voces de los humanos. Este es un mecanismo de socialización y responde a que en estado natural viven en bandadas y se comunican permanentemente entre ellos.

Los yacos o loros grises africanos se han convertido en mascotas exóticas por la facilidad que tienen para aprender a imitar sonidos.

Les encanta chapotear cuando encuentran agua fresca.

Los ojos son redondos y van cambiando de color a medida que las aves crecen.

Son aves prensoras que pueden aferrarse a las ramas de los árboles con una pata y sostener el alimento con la otra. Las patas de los loros hacen las veces de manos.

Tienen las plumas de la cola más largas porque sirven de timón durante el vuelo y le dan equilibrio al cuerpo cuando el ave está parada.

Rutina de loros

Los loros son animales sociales que suelen vivir en bandadas. Hacen sus nidos en los árboles o en los huecos de los barrancos. Apenas asoma el sol, se reúnen en los árboles y salen en bandada a buscar alimento. Durante el mediodía suelen cobijarse a la sombra de los árboles más tupidos. Cuando baja el sol, se reúnen en los árboles menos frondosos, y se retiran a sus nidos para descansar cuando anochece.

En la mandíbula superior del pico se encuentran dos pequeños orificios que constituyen la nariz de las aves.

Poseen un pico fuerte y curvo cuya mandíbula superior es articulada y móvil. Pueden utilizar sus patas o su pico indistintamente para trepar.

Las patas tienen cuatro dedos: dos están dispuestos hacia delante, y los otros dos, hacia atrás. Los dedos funcionan como resortes que se estiran cuando se aferran a una rama o a una semilla.

Las plumas son un indicador de la calidad de vida de un loro. Si hay cambios de temperatura bruscos, se caen con más frecuencia.

¿Cómo es su lengua?

La lengua de los loros es redonda, áspera y carnosa. Puede colocar las semillas en una posición que permite que el pico las parta sin dificultad y también separar la pulpa de la cáscara.

Aves tramposas

Existen muchas aves que imitan el canto de otros pájaros o el sonido ambiente, como el cenzontle, un ave que habita en América del Norte. Los cenzontles que viven en las zonas urbanas son capaces de imitar los ruidos de las máquinas y de los automóviles.

¿Son inteligentes?

Los loros grises africanos fueron estudiados por la etóloga estadounidense Irene Pepperberg. La científica puso a prueba la capacidad de aprendizaje de estas aves y llegó a la conclusión de que son muy inteligentes, capaces de aprender y utilizar palabras para identificar objetos, contarlos y clasificarlos.

¿**Cómo** son los caballos?

Los caballos *(Equus caballus)* son mamíferos herbívoros magníficamente adaptados a la vida en las praderas. Su largo y arqueado cuello les permite pastar y beber sin necesidad de agacharse. Están siempre atentos; su cuerpo estrecho y sus fuertes patas, junto con sus extraordinarios sentidos de la vista y el oído, les permiten huir a gran velocidad ante un peligro. La hembra del caballo se denomina yegua; la cría hembra, potra, y la cría macho, potrillo.

La dentadura

Los caballos pasan la mayor parte de su vida pastando. Sus dientes de leche se desgastan y son reemplazados por unos 40 dientes definitivos. Los incisivos tienen forma piramidal y les permiten cortar el pasto. Las muelas son planas y les sirven para triturar la hierba.

La cola, de pelos largos, generalmente del mismo color de la crin, les sirve para espantar moscas y mosquitos.

Son animales gregarios, y en estado salvaje suelen vivir en grupos.

Los cascos

Los caballos tienen un solo dedo recubierto por una membrana ósea, el casco, que está en continuo crecimiento. Cuando nacen, los caballos tienen los cascos blandos; es a partir de los seis meses cuando se terminan de endurecer. Dentro del casco hay una parte blanda, llamada ranilla, cuyas funciones son amortiguar el golpe contra el suelo al andar y evitar el deslizamiento del casco. A los caballos domesticados se les colocan herraduras para proteger los cascos.

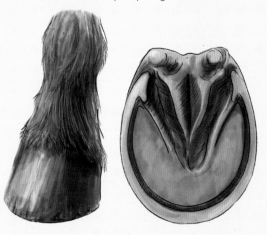

El ancestro del caballo

El caballo desciende de un mamífero pequeño, semejante a un perro, que habitaba en la Tierra hace unos 56 millones de años. El *Eohippus* tenía cuatro dedos en sus patas traseras y tres en las delanteras.

Aires

Los caballos realizan tres movimientos básicos llamados aires o andaduras: paso, trote y galope. El más lento es el paso, y el más veloz, el galope. En cualquiera de los casos, los cascos tocan el suelo de modo secuenciado, aunque el cuerpo se dispone de manera distinta.

Crías inquietas

Tras 11 meses de gestación, nace un potrillo o una potra. La cría mide poco más de 1 m (3.2 ft) de altura y pesa unos 50 kg (110 lb). Después de una hora de haber nacido se sostiene en pie y la madre lo limpia. A las dos semanas logrará caminar con seguridad.

En la parte superior del cuello tienen una hilera de pelo más largo, llamada crin.

Tienen un fuerte esqueleto y una musculatura bien desarrollada.

El pelaje consiste en una capa de pelo corto y liso que puede ser de un solo color o manchado. Los caballos se diferencian según el color de su pelaje (pardo, tordo, ruano, palomino, bayo...).

Son animales ungulados, es decir, que caminan sobre la punta de sus dedos. Poseen un solo dedo que está recubierto por una envoltura ósea llamada casco o pezuña.

¿**Hay** perros que trabajan?

Desde que el perro entró en contacto con el ser humano aprendió a trabajar para él. Probablemente, los primeros perros protegían las cuevas donde se guarecían las primitivas familias y ayudaban a conducir los rebaños de cabras y ovejas. Hay razas de perros que son más vivaces o están capacitadas para cumplir una determinada misión debido a su carácter, su personalidad y su temperamento.

El sentido del olfato del *beagle* es muy superior al de los humanos. Por eso en algunos aeropuertos se utiliza para detectar desde drogas hasta explosivos. Cuando el animal reconoce un olor determinado, se sienta junto a la maleta hasta que llega el personal especializado a investigarla.

Perros de salvamento

Hay perros que tienen un olfato y un oído muy desarrollados y son capaces de descubrir algunos rastros bajo los escombros, la nieve o el agua. Estos perros de rescate son animales ágiles y fuertes que, tras un complejo adiestramiento, son capaces de localizar a una persona para sacarla de una zona de peligro. Tienen un fino oído que puede captar sonidos debajo de 10 m (32 ft) de nieve o escombros.

Pequeños rastreadores

El *yorkshire* es hoy un perro de compañía, pero surgió en el siglo XIX del cruce de varios *terriers* debido al interés de los mineros en conseguir un animal pequeño, pero de carácter, que pudiera entrar en los recovecos más profundos de las minas y cazar las ratas y otras alimañas que poblaban los túneles.

Los perros pastores, como el *border collie,* son muy inteligentes, ágiles y despiertos. Se usan para cuidar los rebaños y protegerlos de los depredadores. También actúan como guías y controlan el desplazamiento de los animales. Muchas veces los espolean con sus dientes para guiarlos por donde quieren.

Un clásico

El pastor alemán es un animal polifacético que puede cumplir diversas tareas. Originalmente fue concebido para conducir rebaños. Hoy se utiliza a menudo como animal de vigilancia y ayuda fundamental de la policía. Por su inteligencia y paciencia es, junto con los *golden retriever* y los *labrador,* los perros-guía más útiles para los invidentes.

Perros salvajes

Los perros en estado salvaje viven en grupos llamados jaurías que responden a la jerarquía del líder. Al ser domesticados, cambiaron a su líder canino por uno humano. A partir de entonces el ser humano fue seleccionando y cambiando las características de los perros hasta lograr más de 500 razas diferentes.

Desde los tiempos prehistóricos los perros *huskies* se utilizan para tirar de los trineos en el polo ártico. Estos animales, de constitución robusta y espeso pelaje, tienen una gran resistencia y agilidad. Los esquimales los domesticaron al comprobar que les eran más útiles que los caribúes y los renos. En la actualidad aún cumplen con las tareas de tiro. Incluso el *mushing,* o tiro de trineos con perros, es considerado un deporte.

Los perros de caza y los llamados perdigueros no están considerados como animales de labor; sin embargo, se entrenan para cumplir tareas específicas. Tienen fino olfato y pueden seguir el rastro de una presa y también atrapar animales pequeños.

¿**Cómo** son las tortugas?

Las tortugas son reptiles que pueden vivir más de 100 años. Aparecieron hace unos 200 millones de años y se caracterizan por tener en la espalda una serie de placas que forman un caparazón que protege las partes blandas de su cuerpo. Se han adaptado a vivir en diversos ambientes: hay tortugas terrestres, que soportan las altas temperaturas del desierto; tortugas marinas, y otras que viven en zonas lacustres, entre la tierra y el agua dulce.

Cuando las temperaturas bajan, las tortugas excavan madrigueras en la tierra para hibernar. Sus cuerpos cambian: disminuyen sus funciones vitales, baja su temperatura y entran en un letargo que dura todo el invierno.

El cuello se retrae al interior del caparazón con un movimiento semejante al del plegado de un telescopio.

No tienen dientes, pero poseen unos potentes maxilares y una boca recubierta por una lámina córnea.

La vida en el mar

Las tortugas marinas pasan la mayor parte de su vida en el agua. Poseen pulmones muy desarrollados que les permiten mantenerse sumergidas varios minutos. Los dedos de sus patas están unidos por una membrana y forman una especie de remo que les sirve para propulsarse y cambiar de dirección en el agua. El caparazón es mucho menos abombado que el de las terrestres. Cada año, poco después de aparearse, salen del mar y se internan en las playas de la costa. Allí hacen hoyos con sus patas traseras y depositan unos 100 huevos que luego tapan con arena. Cuando estos eclosionan, las tortugas recién nacidas deben atravesar la playa en busca del mar. Esta situación entraña riesgos, ya que las gaviotas y los cormoranes acechan y pueden atraparlas. Además, existen otros peligros para las tortugas, como las redes de pesca, la edificación en las playas y la iluminación de las costas, que desorienta a las hembras que van a desovar.

Como todo reptil, las tortugas tienen el cuerpo cubierto por escamas.

Las tortugas son ovíparas, es decir, las hembras ponen huevos. Sin embargo, no los cuidan; los huevos se incuban por el calor que irradia el sol. Cuando eclosionan, las crías ya están desarrolladas.

Tienen patas cortas y robustas, terminadas en uñas fuertes, que les permiten avanzar en cualquier tipo de terreno. Son animales que caminan mucho y, por ello, necesitan tener espacio para recorrer.

Las tortugas terrestres son herbívoras y obtienen el agua de sus alimentos. Por su parte, las que viven en los mares suelen ser carnívoras y se alimentan de medusas, moluscos y crustáceos.

El caparazón

El cuerpo de las tortugas está protegido por un caparazón formado por placas óseas cubiertas por una capa córnea. La parte posterior tiene forma abombada y la anterior, llamada peto, es plana. Ambas partes están unidas para proteger los órganos internos y preservar la temperatura del cuerpo. Las vértebras y las costillas se fusionan en el interior de esta estructura para hacerla más resistente.

Acuarios de tortugas

Muchas personas adoptan como mascotas a las pequeñas tortugas *Trachemys*. Estas tortuguitas habitan en charcas, ríos y arroyos de poca profundidad. Como son semiacuáticas pasan una parte del día en el agua y otra en tierra, tomando el sol. Los aficionados a este tipo de animales preparan tanques en los que hay espacio para que naden y reciban la luz del sol.

¿**Por qué** las vacas siempre mastican?

Las vacas son rumiantes, es decir, que están continuamente masticando para facilitar la digestión de los pastos y las hierbas con alta concentración de celulosa, una sustancia muy difícil de digerir. Después de cortar las hierbas con los dientes, las tragan. Ese alimento va al estómago, donde hay bacterias que ayudan a descomponerlo. Pero como esto no es suficiente, la hierba procesada por el estómago vuelve a la boca y las vacas deben seguir masticándola hasta desmenuzarla totalmente.

El macho de la especie se denomina toro y tiene cuernos más desarrollados que las hembras.

La vaca no posee cuernos, o bien los tiene poco desarrollados.

La vaca posee orejas móviles que le permiten localizar los ruidos.

Tiene una enorme bolsa con varios pezones, que se denominan ubres.

Libro

Redecilla

Cuajar

Rumen

Comida de paseo

Las vacas tienen un estómago grande dividido en cuatro cavidades. La primera es el rumen, donde hay una gran cantidad de microorganismos, como bacterias y hongos, que digieren la celulosa de las hierbas y obtienen proteínas y vitaminas. De allí el alimento regresa a la boca, donde se tritura nuevamente, y va a otra cavidad llamada redecilla, que es una especie de tamiz que elimina lo que no sirve. Luego la comida pasa al libro, donde se extrae el exceso de líquidos, y después al cuajar, un estómago muy parecido al nuestro. Allí comienza la segunda digestión. Los alimentos pueden tardar cuatro días en ser digeridos.

Dientes especializados
Las vacas tienen dientes incisivos para cortar las hierbas, y muelas para triturarlas. La rumia produce un enorme desgaste de sus dientes, que empieza a notarse a partir de los cinco años. Al cabo de este tiempo, los dientes y las muelas se achatan y la encía se retrae.

Estiércol productivo
En algunos países de Asia y América se utilizan los excrementos del ganado vacuno para producir gas metano. Dentro de largos contenedores herméticos de polietileno, llamados *biodigestores,* los excrementos de los animales y otros tipos de desechos son descompuestos por microbios. El gas metano se utiliza en sistemas de calefacción y para la cocción de alimentos en las comunidades rurales alejadas de las redes de distribución habitual. Los biodigestores también proporcionan fertilizantes orgánicos, ricos en nitrógeno, potasio y fósforo.

Tiene muy desarrollado el sentido del olfato y lo utiliza especialmente para localizar a sus crías.

La rumia (proceso de regurgitación de los alimentos) es una de las etapas de digestión de los alimentos en los rumiantes.

La cola termina en un mechón de pelos largos que le permite espantar insectos.

Es un animal artiodáctilo que posee un par de dedos terminados en una pezuña hendida.

¿Para **qué** fabrican miel las abejas?

La abeja melífera o colmenera (*Apis mellifera*) es un insecto social que vive en grandes colonias llamadas colmenas. En cada colmena habitan tres tipos de abejas: la reina, que es la única que pone los huevos; los zánganos, que son los que fecundan a la abeja reina, y las obreras, que son hembras infértiles que trabajan para recoger el néctar de las flores y elaborar la miel con la que se alimentan ellas mismas y las larvas.

Las abejas tienen una larga y delicada lengua con la que liban el néctar del interior de las flores.

Proceso de extracción de la miel

La apicultura es la técnica de explotación de los panales de las colmenas. Para obtener la miel, los apicultores no solo construyen nidos artificiales con el objetivo de albergar las colonias de abejas, sino que también hacen cuadros con un tejido que imita la celdilla hexagonal de los panales.

1. Para comenzar el proceso de extracción se echa humo sobre la colmena para que las abejas se retiren momentáneamente del nido.

2. Se quita la cera que recubre las celdillas con una espátula caliente y luego se echa parte del contenido de los cuadros en una enorme batea.

3. Los cuadros con el tejido hexagonal se disponen verticalmente en una máquina centrífuga que extrae toda la miel restante.

4. La miel extraída llega a un tanque de decantación donde descansa durante más de 15 días. Después de este período está en condiciones de ser consumida.

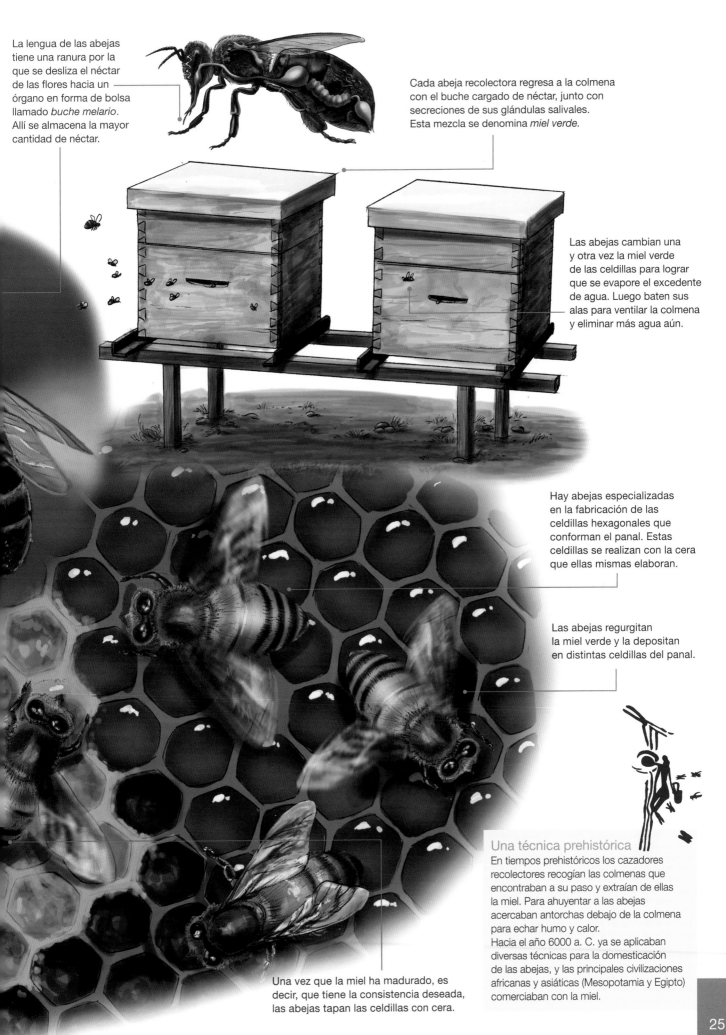

La lengua de las abejas tiene una ranura por la que se desliza el néctar de las flores hacia un órgano en forma de bolsa llamado *buche melario*. Allí se almacena la mayor cantidad de néctar.

Cada abeja recolectora regresa a la colmena con el buche cargado de néctar, junto con secreciones de sus glándulas salivales. Esta mezcla se denomina *miel verde.*

Las abejas cambian una y otra vez la miel verde de las celdillas para lograr que se evapore el excedente de agua. Luego baten sus alas para ventilar la colmena y eliminar más agua aún.

Hay abejas especializadas en la fabricación de las celdillas hexagonales que conforman el panal. Estas celdillas se realizan con la cera que ellas mismas elaboran.

Las abejas regurgitan la miel verde y la depositan en distintas celdillas del panal.

Una técnica prehistórica

En tiempos prehistóricos los cazadores recolectores recogían las colmenas que encontraban a su paso y extraían de ellas la miel. Para ahuyentar a las abejas acercaban antorchas debajo de la colmena para echar humo y calor.

Hacia el año 6000 a. C. ya se aplicaban diversas técnicas para la domesticación de las abejas, y las principales civilizaciones africanas y asiáticas (Mesopotamia y Egipto) comerciaban con la miel.

Una vez que la miel ha madurado, es decir, que tiene la consistencia deseada, las abejas tapan las celdillas con cera.

¿**Por qué** las plumas de los patos no se mojan?

Los patos *(Anatidae)* son aves acuáticas que suelen vivir en zonas próximas a ríos, lagos y aguas costeras. Poseen una glándula cerca de la base de la cola que segrega un aceite, y dedican gran parte del tiempo a peinar sus plumas y a cubrirlas con él para impermeabilizarlas y protegerlas del frío. Primero pasan su pico por la glándula y luego distribuyen el aceite por todo el plumaje.

Debajo de las plumas grandes tienen una capa de plumas suaves (plumones) pegadas al cuerpo que lo mantienen aislado y tibio.

Los patos buceadores, como el porrón común, sumergen todo el cuerpo para buscar alimentos en el fondo.

Cuando están a punto de aterrizar, los patos llevan hacia delante sus patas y las usan como freno y estabilizador.

En tierra todos los patos tienen un andar torpe, debido a sus patas cortas y dispuestas muy atrás. Esto, sin embargo, les resulta muy útil a la hora de moverse en el agua.

Algunos patos poseen siringe, un órgano que tienen las aves cantoras y también los loros y que se utiliza para emitir sonidos y comunicarse entre ellos.

Algunos patos, como el ánade real, se alimentan de lo que encuentran en la superficie o sumergen parte de su cuerpo para buscar moscas o semillas que hayan caído al agua.

Tienen un pico largo y aplanado con láminas córneas en sus bordes que les permiten filtrar el agua.

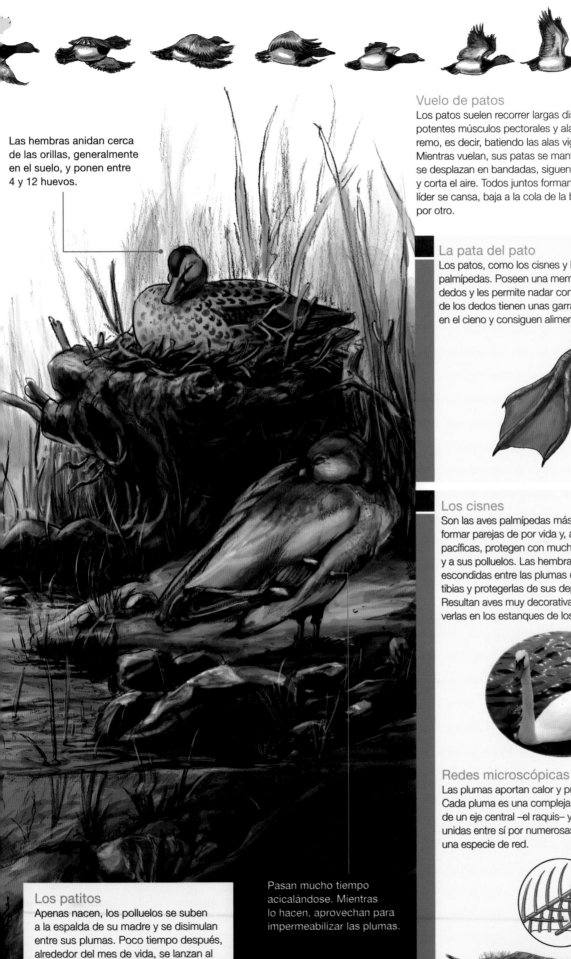

Las hembras anidan cerca de las orillas, generalmente en el suelo, y ponen entre 4 y 12 huevos.

Vuelo de patos

Los patos suelen recorrer largas distancias. Han desarrollado potentes músculos pectorales y alas cortas. Su vuelo es a remo, es decir, batiendo las alas vigorosa y constantemente. Mientras vuelan, sus patas se mantienen encogidas. Cuando se desplazan en bandadas, siguen a un líder que va adelante y corta el aire. Todos juntos forman una V. Cuando el pato líder se cansa, baja a la cola de la bandada y es reemplazado por otro.

La pata del pato

Los patos, como los cisnes y los gansos, son aves palmípedas. Poseen una membrana que une sus dedos y les permite nadar con facilidad. En la punta de los dedos tienen unas garras con las que escarban en el cieno y consiguen alimentos.

Los cisnes

Son las aves palmípedas más grandes. Suelen formar parejas de por vida y, aunque son muy pacíficas, protegen con mucha agresividad su territorio y a sus polluelos. Las hembras nadan con las crías escondidas entre las plumas del lomo para mantenerlas tibias y protegerlas de sus depredadores.
Resultan aves muy decorativas, por ello es habitual verlas en los estanques de los parques públicos.

Redes microscópicas

Las plumas aportan calor y protección a los patos. Cada pluma es una compleja estructura que consta de un eje central –el raquis– y una serie de barbas unidas entre sí por numerosas barbillas que forman una especie de red.

Los patitos

Apenas nacen, los polluelos se suben a la espalda de su madre y se disimulan entre sus plumas. Poco tiempo después, alrededor del mes de vida, se lanzan al agua con su madre para nadar.

Pasan mucho tiempo acicalándose. Mientras lo hacen, aprovechan para impermeabilizar las plumas.

¿**Por qué** los conejos tienen las orejas largas?

El conejo *(Oryctolagus cuniculus)* es un animal herbívoro y, como tal, es presa de los carnívoros. Sus largas orejas, delgadas y delicadas, funcionan como radares que se mueven y captan hasta los mínimos sonidos. Su oído sumamente desarrollado le permite detectar la presencia de depredadores y ante el menor indicio de peligro puede escapar rápidamente. Tanto las liebres como los conejos tienen orejas más largas que anchas, compuestas de una fina capa de cartílago.

Son animales herbívoros. Su alimento básico son las hierbas, las hojas de las matas y las hortalizas, como coles, repollos y zanahorias.

Las orejas de los conejos se mueven independientemente una de otra hacia el lugar de origen de los sonidos y los mantienen siempre en alerta.

Tienen un finísimo olfato que, junto con el oído, les permite estar atentos y escapar de los depredadores. Los largos bigotes son su órgano del tacto.

Cavan túneles bajo el suelo para esconderse y descansar. Las hembras hacen madrigueras para cuidar a sus crías. Se arrancan mechones de su propio pelo para construir el nido y mantener a las crías calientes.

Liebre camaleón

La liebre ártica vive en la tundra cercana al Polo Norte. En invierno esta región se cubre de nieve y su pelaje se vuelve totalmente blanco. Cuando llega la primavera, comienza a aparecer la tierra y quedan apenas unos pocos sectores con nieve. Entonces, su aspecto cambia y el pelaje mantiene algunas franjas blancas, pero otras se tornan pardas. Cuando el calor del verano derrite totalmente la nieve, la liebre pierde los últimos pelos blancos y su aspecto es semejante al del suelo. Estos cambios en el pelaje le permiten camuflarse y no ser presa fácil de los lobos.

Dientes de conejo

Los conejos tienen dientes que no dejan nunca de crecer y necesitan roer continuamente para desgastarlos. Tienen dos tipos de dientes: incisivos para cortar y molares para triturar. A pesar de que roen, no son roedores: pertenecen a un grupo de animales llamados lagomorfos.

Utilizan las patas delanteras para limpiarse el hocico, de manera semejante a como lo hacen los gatos.

Las patas tienen cinco dedos terminados en uñas que les permiten aferrarse al suelo. Las delanteras son más cortas que las traseras y están adaptadas a la carrera. Un conejo puede llegar a alcanzar una velocidad mayor a los 50 km/h (31 m/h).

El pelaje es suave y tupido y varía desde el blanco o el pardo hasta el marrón oscuro.

Las hembras pueden tener una camada de hasta diez crías, que se llaman gazapos y nacen sin pelo y con los ojos cerrados.

¿**Cuántas** crías tienen los cerdos?

Los cerdos son animales «multíparos», capaces de tener entre 5 y 12 crías por camada. La hembra amamanta a los cochinillos hasta alrededor de los 60 días. Cuando son muchas, las crías suelen tener una talla y un peso menor al esperado y tardan bastante tiempo en recuperarse. La preñez de la cerda dura tres meses, tres semanas y tres días, y al cabo de este tiempo los cerditos nacen con un peso que apenas supera el kilogramo, pero que al año alcanzará los 100 kg (220 lb).

Tienen un cuerpo largo y redondeado, patas cortas con pezuñas y cola también corta. Algunas razas pueden alcanzar los 200 kg (440 lb) en la madurez.

Poseen una piel gruesa y cubierta de unas cerdas duras en ciertas zonas. No obstante, es delicada y se irrita si está expuesta mucho tiempo al sol.

De los cerdos se obtienen numerosos productos: además de la carne, su piel es usada para confeccionar prendas de calidad y las cerdas se usan para hacer cepillos. Incluso se utiliza la leche para consumo humano.

No tienen glándulas sudoríparas, por lo que no transpiran. Suelen permanecer en lugares frescos, tumbados en sitios donde haya agua para regular la temperatura del cuerpo. De esta manera también se quitan parásitos de la piel.

Necesitan conservar siempre la temperatura de su cuerpo, que ronda los 39 °C (102 °F). Por eso, cuando hace frío, se alimentan más, para evitar que la temperatura corporal descienda demasiado.

La hembra tiene entre seis y siete pares de glándulas mamarias con las que alimenta a las crías. Los cochinillos compiten por conseguir el mejor pezón materno.

De la familia

Los pecaríes son los cerdos de América y viven en la selva. Se alimentan de hojas de los árboles, de semillas y frutos. Al igual que sus parientes los cerdos, tienen un olfato muy desarrollado y pueden detectar los tubérculos y las raíces más apetecibles a 10 cm (4 in) de profundidad del suelo.

¿Pueden aprender los cerdos?

Los cerdos son animales inteligentes, cariñosos y muy limpios. Por eso, en muchos hogares estadounidenses se consideran mascotas. La raza elegida es la de los cerdos enanos vietnamitas, semejantes en tamaño a un perro grande. Son animales obedientes, aunque un poco testarudos; les gusta pasear y suelen compartir sus juegos con los niños y los perros de la casa.

Son animales de hábitos diurnos que caminan en busca de alimentos. Tienen muy buen olfato y son capaces de descubrir tubérculos, raíces y gusanos bajo tierra. Utilizan su hocico para llegar hasta ellos.

Son omnívoros, es decir, se alimentan de sustancias vegetales y animales. Para desarrollarse necesitan comer granos, verduras y alimentos que presenten un balance correcto de componentes (hidratos, proteínas, vitaminas, etc.). En muchas granjas los alimentan con los desechos de lo que consumen las personas.

Perros porcinos

Los cerdos son animales originarios de Europa y Asia y fueron domesticados hace miles de años en diversos sitios al mismo tiempo. Son dóciles e inteligentes y responden a un jefe, que puede ser un humano. Los primeros cerdos estaban semidomesticados y vivían libremente en los bosques cerca de las aldeas, adonde se acercaban al atardecer para alimentarse con los restos de comida.

Cuando una cerda tiene crías, se le prepara una cuna hecha de viruta de maderas y paja seca para mantener el calor y absorber la humedad del cuerpo. Para la noche se acondiciona un corral con una estufa que mantiene el calor.

¿**Son** vanidosos los pavos reales?

Definitivamente los pavos reales *(Pavo cristatus)* no son vanidosos. Cuando abren su cola, lo hacen por dos motivos: para asustar a los posibles depredadores, aumentando el tamaño de su cuerpo, o para deslumbrar a la hembra, cuando es época de apareamiento. Se denominan aves del paraíso por su bello plumaje. Son originarios de la India, Java, Ceilán e Indonesia, pero se adaptan en cautiverio a todo tipo de climas templados donde haya abundante agua.

La cola está formada por plumas pequeñas sobre las que se apoyan más de 100 plumas coberteras, de más de 1 m (3 ft) de largo, que terminan en dibujos circulares dorados, azules y verdosos con reflejos iridiscentes. Cuando las plumas de la cola se levantan, elevan a las coberteras hasta formar el característico abanico.

El ambiente natural de los pavos reales son los matorrales, los bosques y los prados. Allí consiguen semillas, frutos, bayas, hojas, insectos y reptiles que forman parte de su variada dieta.

Ante una situación de peligro o para asustar a sus competidores los pavos reales producen un potente graznido.

El macho es mucho más grande que la hembra. Tiene plumas de color azul brillante tornasolado, con reflejos verdosos, y en su cabeza posee un penacho de plumas coloridas.

Abanicos sagrados

Los egipcios consideraban que los pavos reales eran animales sagrados. Por eso usaban sus plumas para hacer abanicos, con los que refrescaban a sus faraones. Los portadores del «abanico real» debían asegurarse de que únicamente el faraón recibiera el aire fresco, e incluso estaba prohibido tocar la sombra que estos proyectaban en el suelo.

El pavo está servido

Desde tiempos muy antiguos el pavo real fue considerado un animal majestuoso y digno de respeto. Tener un pavo real en las antiguas culturas era signo de poder y riqueza.

Sin embargo, los griegos rompieron con esta regla, y las personalidades más destacadas solían servir en sus banquetes pavos reales cocidos y presentados con su espectacular plumaje.

En su hábitat natural, los pavos reales viven en grupos en los que cada macho tiene cuatro o cinco hembras.

Para cortejar a una hembra gira en torno a ella y sacude su cola en forma de abanico hacia delante y atrás. Al terminar la época de celo, las vistosas plumas caen.

Pasan la mayor parte del tiempo en el suelo, pero hacen vuelos cortos hasta las ramas de los árboles, donde descansan y duermen sin correr peligro.

La hembra tiene plumas de colores apagados. Posee un penacho amarronado y unas pocas plumas en su cola.

Hacen sus nidos en el suelo, escarbando la tierra. La hembra pone de cuatro a ocho huevos de color terroso y luego los tapa con ramas y hojas para ocultarlos de los depredadores.

Las crías nacen con unas pocas plumitas marrones que les permiten camuflarse en su entorno.

¿**Cómo** se gesta un ternero?

El ternero es la cría de la vaca y el toro. La vaca es un mamífero grande cuya preñez dura de 280 a 292 días. La gestación comienza cuando el esperma del toro se une al óvulo de la vaca y se forma un embrión. Este crece en la matriz de la vaca, dentro de una especie de bolsa que contiene un líquido que lo resguarda y protege. El cordón umbilical une el feto a la placenta y a través de él recibe todos los nutrientes hasta su nacimiento.

1

La vaca limpia al ternero con su lengua y al lamerlo activa la circulación sanguínea.

Las vacas tienen a sus terneros de pie sobre sus cuatro patas. Cuando comienza el parto, que dura alrededor de una hora, asoma la bolsa y luego la cabeza del ternero. La vaca sigue esforzándose y salen las patas anteriores y luego el pecho. Entonces el ternero comienza a respirar por sus propios medios. Si la respiración no se activa, se le suele acercar una paja a las fosas nasales para que estornude.

Media hora después de nacer el ternero se pone de pie, busca la ubre y mama de ella. Es fundamental que mame al menos 2 litros (67 oz) de calostro (la primera leche, rica en anticuerpos maternos, nutrientes y proteínas) durante las primeras seis horas después del parto. Esto garantizará su salud, ya que esta leche lo protege durante las primeras semanas, hasta que su sistema inmune termine de madurar.

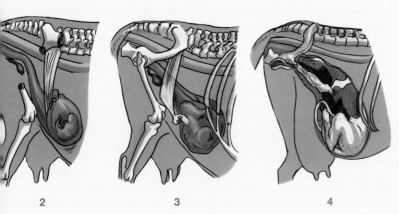

La gestación paso a paso

1. A los 30 días el feto tiene unos 2 cm (¾ in) de largo y solo un veterinario experimentado puede descubrir el embarazo.
2. El feto se desarrolla en un ambiente mullido y cálido, a una temperatura de 38 ºC (100.4 °F). Durante el período de gestación, la vaca debe recibir una alimentación más completa y cobijo para refugiarse en los días frescos.
3. Tras 220 días de gestación el ternero pesa unos 14 kg (30 lb) (casi la mitad del peso que tendrá al nacer), y el último mes aumenta 250 g (½ lb) al día.
4. Cuando el ternero está totalmente desarrollado, se ubica en la posición de parto, con la cabeza hacia la vagina. La vaca, por medio de contracciones de la matriz, impulsa la salida de su cría.

Después de unos seis meses la vaca se encuentra en condiciones de quedar preñada nuevamente. A estas alturas, el ternero ya ha sido destetado y aprende a pastar.

En algunos establecimientos se desteta al ternero entre los dos y los cuatro meses. Para esto, se lleva a las vacas y sus crías a un terreno alambrado donde haya suficiente pasto. Madres e hijos conviven en el lugar una semana. Después son separados. Los terneros más pequeños seguirán alimentándose con leche por medios mecánicos; los más grandes ya pueden pastar y no necesitan mamar.

35

¿**Qué** es el ganado OViNO?

Es el conjunto de ovejas *(Ovis aries)* criadas especialmente para producir lana. Existen cientos de razas distribuidas por el mundo. Cada una se caracteriza por el tipo de lana que provee. Sin embargo, la gran mayoría de las ovejas pertenece a la raza merina, capaz de vivir en regiones semiáridas sin dificultades y de producir grandes cantidades de lana de excelente calidad. Hay ovejas destinadas a la provisión de carne y de leche, que en general pertenecen a las razas de cola corta, ya que acumulan más grasa que las demás. Estas tienen una lana más áspera, que se utiliza para hacer tejidos rústicos.

Tienen la boca alargada con dientes incisivos que les permiten arrancar las hierbas, y dientes molares que son más planos y las trituran. Para moler las hierbas, las ovejas realizan movimientos laterales con sus mandíbulas.

Los rebaños son vigilados por pastores, capaces de cuidar a unos 200 individuos. En muchos países suelen usarse perros para ayudar a los pastores en esta tarea.

Las ovejas viven en grupos llamados rebaños, en corrales abiertos donde pueden caminar y pastar con tranquilidad. Cada rebaño está compuesto por varios centenares de individuos.

Se alimentan de pastos, pero para mejorar su peso y su desarrollo los criadores equilibran su dieta con cebada, alfalfa y alimentos secos.

Tienen entre uno y dos corderos, generalmente al comienzo de la primavera. Las hembras cuidan a sus crías al menos durante dos meses, período en que las amamantan.

Extraer lo máximo

Las ovejas son animales rumiantes que tienen su estómago dividido en compartimentos. Esto les permite sacar el mayor provecho de las hierbas, que no son muy nutritivas. Cuando una oveja traga las hierbas, estas van a la primera cavidad, llamada panza. Allí actúan bacterias, que las transforman en una especie de pasta que vuelve a la boca, donde es nuevamente triturada. De la boca va al segundo compartimiento, el librillo, y de ahí pasa al cuajo, donde los jugos gástricos y las enzimas completan el proceso de digestión.

Son animales ungulados: sus patas terminan en dos dedos recubiertos por una gruesa uña llamada pezuña.

La mayoría de las ovejas que existen en la actualidad son el resultado de cruces que han hecho los criadores a lo largo del tiempo con el objetivo de conseguir mayor cantidad y mejor calidad de lana.

Ovejas y corrales

La oveja doméstica desciende de los muflones, unos animales originarios de Europa que fueron perseguidos hasta la extinción y quedaron relegados a las islas de Córcega, Cerdeña y Chipre. Hace unos 9000 años, en Mesopotamia, los hombres prehistóricos aprendieron a domesticarlos y cuidarlos en corrales. Los muflones proveían de piel, leche y carne a los antiguos pobladores.

Ovejas peladas

En primavera o a comienzos del verano, las ovejas se esquilan, es decir, son despojadas de la lana que cubre su cuerpo. Antiguamente la esquila se realizaba con tijera y los esquiladores eran obreros especializados que pasaban toda la temporada en una comarca pelando las ovejas de los campos vecinos. Hoy esta tarea se hace con máquinas y se quita el vellón de una sola pieza. La lana se enfarda y se vende a las empresas textiles. Periódicamente se realiza la esquila de ojos: se corta la lana cercana a los ojos para que los animales tengan buena visibilidad y encuentren sus alimentos fácilmente.

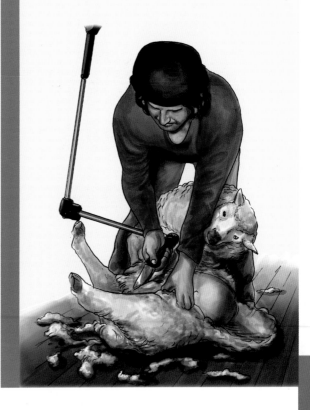

¿**Por qué** cantan los canarios?

Los canarios *(Serinus canaria)* son aves pequeñas muy apreciadas en los hogares, especialmente por su canto. Pueden emitir una gran variedad de sonidos vocales, que constituyen una larga serie de notas armoniosas producidas en secuencias y con patrones que indican que hay una melodía. El órgano responsable de la producción de sonidos es la siringe, que se ubica en la parte baja de la tráquea, donde se divide en los bronquios. Los canarios tienen nueve músculos que dilatan o reducen la entrada de aire en la siringe y de esta manera permiten producir sonidos muy variados.

El color natural de los canarios es verde grisáceo o amarillo mezclado con verde. Los de este último color suelen ser los más fuertes y los más buscados por los criadores.

El canto es muy importante en la vida social de los pájaros. A los machos no solo les sirve para atraer a las compañeras, también es un modo de transmitir información, como dar la alarma en caso de peligro o unir a un grupo en bandada. Las hembras, en general, no cantan.

Pájaros alarma

Con la Revolución industrial, en Gran Bretaña comenzó una etapa de enorme explotación de las minas de carbón. Pero los gases tóxicos resultantes de estas tareas eran un verdadero peligro para los mineros. Por eso, en las minas se solía colocar una pequeña jaula con un canario macho en su interior. Cuando el canario moría, y por lo tanto se dejaba de escuchar su canto, los mineros sabían que eso significaba que había una alta concentración de monóxido de carbono o metano en la mina.

Los canarios cantan para «marcar» y defender su territorio. La técnica del canto la aprenden por imitación, es decir, escuchando a otros canarios que ya saben cantar y repitiendo.

Las hembras anidan con facilidad en cautiverio. Pueden tener tres o cuatro nidadas por año, con unos cuatro a seis huevos por vez.

El pico es corto y fuerte, capaz de partir las semillas más duras.

Los primeros criadores

Durante la Edad Media los conquistadores españoles llevaron al continente los primeros canarios. Aquellos pájaros de color verde, amarillo, negro y marrón no eran muy vistosos, pero destacaban por su delicado canto. En los conventos los monjes se encargaron de criarlos y de que se reprodujeran, y comenzaron a comerciar con ellos. Estas aves eran muy caras y resultaban un lujo al que solo podían acceder los reyes y las personalidades más encumbradas de la corte.

Tienen un sentido de la vista muy desarrollado, como la mayoría de las aves. Esto les permite huir de sus depredadores con mucha rapidez.

Anualmente los canarios cambian su plumaje durante la época de muda. En ese momento no cantan y es muy difícil distinguir una hembra de un macho.

Durante el primer año de vida las patas de los canarios son suaves y lisas, con un tono ligeramente rosado. A medida que crecen, se hacen escamosas y oscuras.

La siringe

Es el órgano que permite modular diversos sonidos para crear melodías. Los pulmones y los sacos aéreos forman columnas de aire y las hacen pasar por la siringe, que cambia de tamaño gracias a los músculos. La tráquea se convierte en una caja de resonancia que amplifica los sonidos producidos.

Los ejemplares más seleccionados, es decir, aquellos que tienen una coloración vistosa diferente a la de los canarios originales, pertenecen a razas criadas y seleccionadas y son aves mucho más delicadas.

Les encanta bañarse con asiduidad. No solo lo hacen para refrescarse, también les sirve para desparasitarse y limpiar sus plumas.

¿**Cómo** se cuida un hámster?

Los hámsteres son mascotas ideales para quienes no cuentan con demasiado espacio en sus hogares. Se trata de roedores originarios de Asia que comenzaron a ser criados a partir del momento de su descubrimiento, en 1931. Estos animales inquietos necesitan realizar muchas actividades, especialmente durante la noche, ya que son nocturnos. Suelen ser criados en jaulas o terrarios, en cuya base se dispone un lecho de virutas de madera para que descansen. A diferencia de otros roedores no son muy inteligentes, pero sí curiosos y divertidos.

En cada mandíbula tienen dos potentes dientes incisivos que nunca dejan de crecer. Con ellos logran abrir las semillas para sacar las pepitas del interior, de la que se alimentan. Es fundamental dejarles alimentos duros, como pan seco o un hueso, para que roan y así desgasten sus dientes.

Pasan mucho tiempo del día aseándose. Se limpian con su áspera lengua y esparcen la saliva con las patitas anteriores especialmente en su cara y su hocico.

Deben contar siempre con agua fresca, semillas y verduras de hoja o frutas.

Los hámsteres no tienen buena vista, pero sí un excelente oído, que les permite huir del peligro con rapidez, y un magnífico olfato. Alrededor de la nariz tienen largos bigotes que funcionan como órgano táctil y les permiten medir el espacio entre el cuerpo y los objetos que hay alrededor.

Son animales pequeños, cuyas hembras se caracterizan por ser más grandes que los machos. Tienen un pelaje tan suave y suelto que parece que les sobrara piel.

En estado natural construyen guaridas conectadas entre sí mediante galerías subterráneas. Cuando están en cautiverio acumulan la mayor cantidad de virutas en un rincón y se introducen en el montón para descansar.

Una nueva mascota

El jerbo es un roedor originario de Mongolia que se parece bastante al hámster, aunque es mucho más sociable y le gusta vivir en grupo. Esta característica lo ha convertido en una mascota muy solicitada, especialmente para los niños. Le encanta vivir en terrarios; una buena capa de arena, alimento (granos, semillas, frutos secos y vegetales frescos) y agua son suficientes para que se encuentre bien. También le gustan los laberintos y demuestra su alegría con un delicado ruidito que se parece bastante al piar de los pichones.

Son animales muy activos y necesitan gastar energía continuamente. Para ello en las jaulas suelen colocarse ruedas, laberintos y toboganes que les permiten moverse con agilidad sin necesidad de andar por toda la casa.

A ambos lados de la cabeza, a la altura de las mejillas, los hámsteres cuentan con unas bolsas llamadas abazones. Allí almacenan grandes cantidades de alimentos que luego trasladan a sus nidos o madrigueras. Para sacar las semillas almacenadas, empujan con sus patas delanteras hacia delante.

Roedores americanos

El conejillo de Indias es uno de los roedores más grandes que existen. Es un animal muy manso y cariñoso, y ya antes de la llegada de Colón a América, era una mascota de los aborígenes.
La chinchilla es un roedor originario de América del Sur y tiene un espeso pelaje que limpia con cenizas volcánicas.

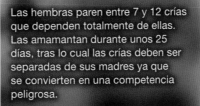

Las hembras paren entre 7 y 12 crías que dependen totalmente de ellas. Las amamantan durante unos 25 días, tras lo cual las crías deben ser separadas de sus madres ya que se convierten en una competencia peligrosa.

Los más inteligentes

Las ratas y los ratones se diferencian de los hámsteres por la forma ahusada de su cuerpo y por su larga cola. Son animales inteligentes y se utilizan en los laboratorios para diversas pruebas.

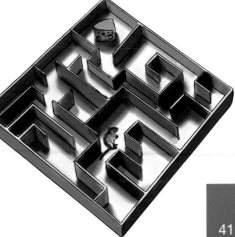

¿**Cómo** se desarrolla un pollito?

odos los pájaros, desde el más pequeño hasta el más grande, son ovíparos, es decir, que ponen huevos. Los embriones tardan alrededor de 21 días en desarrollarse y estar en condiciones de salir del huevo convertidos en polluelos. Dentro del huevo, el embrión tiene todo lo necesario para crecer. La madre incuba los huevos dándoles calor y rotándolos para que se desarrollen correctamente. Cuando los polluelos comienzan a salir, la gallina sigue empollando los huevos que aún no han eclosionado.

Incubadoras artificiales

Cuando las hembras ponen sus huevos, se sientan encima de ellos para empollarlos, es decir, para transmitirles el calor que los embriones necesitan para desarrollarse. Pero para incubar grandes cantidades de huevos hace falta otro sistema. Para ello se fabrican las incubadoras artificiales, parecidas a pequeños hornos eléctricos que mantienen una temperatura de 39,5 ºC (103 °F), ideal para el desarrollo de los polluelos.

A los 15 días el cuerpo del embrión está totalmente definido y solo le falta crecer. Los pulmones funcionan, los huesos se han endurecido y queda muy poca yema para alimentar al embrión.

Al octavo día el embrión ya tiene unos 2 cm (¾ in) de largo y sus órganos están desarrollados. La cabeza es casi tan grande como el resto del cuerpo.

A los tres días se forma el amnios, una bolsa con líquido amniótico en la que flota el embrión.

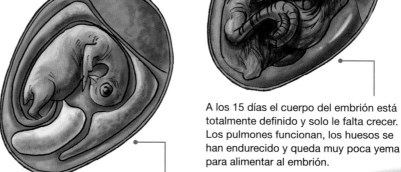

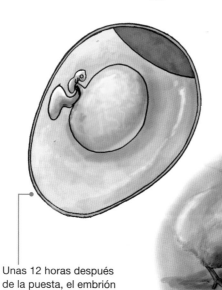

Unas 12 horas después de la puesta, el embrión comienza a desarrollarse.

Pichones dependientes

A diferencia de los polluelos de las gallinas, la mayoría de las aves son nidófilas; esto significa que sus pichones no pueden valerse por sí mismos, ya que son ciegos, no tienen plumas y dependen de sus madres para alimentarse. Las hembras salen del nido en busca de alimentos. Cuando los encuentran, los ablandan con su pico y luego los regurgitan en los picos de sus crías.

Sobre el pico aparece una protuberancia que se llama diente. Con ella, el día 21 el polluelo comenzará a partir el cascarón desde dentro.

Partir el cascarón es una tarea muy ardua y puede llevar unas horas o incluso un par de días.

Cuando la gallina escucha que el polluelo ha empezado a romper el cascarón, cacarea fuertemente para motivarlo a salir.

Madres haraganas

Hay pájaros, como el cuclillo europeo, que no construyen sus propios nidos. De hecho, las hembras depositan sus huevos en los nidos de otras aves. Para no ser descubiertas pasan varios días estudiando los movimientos en los nidos vecinos y eligen el mejor momento para depositar sus huevos. Cuando nacen los polluelos, los padres adoptivos no hacen diferencias y los alimentan como si fueran propios.

Un verdadero tesoro

El huevo es una célula en cuyo interior se desarrolla un embrión. El cascarón cuenta con numerosos poros microscópicos que no solo permiten el intercambio de gases, sino que le dan más elasticidad y resistencia en caso de impacto. La yema proporciona todos los nutrientes (grasas, proteínas, vitaminas y minerales) que necesita el embrión durante su desarrollo. La clara es la reserva de agua y proteínas. Los huevos no solo tienen distintos tamaños, sino que también se diferencian por los colores y las manchas. La coloración y los dibujos de los huevos sirven como camuflaje para confundirse en los nidos y no ser descubiertos por los depredadores.

Cuando el polluelo parte en dos el cascarón, agita su cuerpo y da vueltas para lograr librarse de él; tiene sus plumas mojadas y los ojos abiertos. Poco después comienza a picotear el suelo junto a la gallina.

¿**Cómo** llega la leche hasta nuestra casa?

La leche de vaca es un alimento universalmente conocido y consumido por gran parte de los habitantes del planeta. Se produce en el campo, donde las vacas tienen lugar para pastar, desarrollarse y reproducirse. Estas son condiciones fundamentales para obtener la leche, ya que solo pueden proporcionarla aquellas vacas que tienen terneros. Una o dos veces al día a las vacas se les extrae leche, que se envía a plantas especializadas, donde se trata, se envasa y después se distribuye en pueblos y ciudades.

De otros tiempos

En tiempos antiguos los establecimientos lecheros y las vacas estaban en las ciudades. La leche se ordeñaba por la mañana y era distribuida en los vecindarios por el lechero, un vendedor que salía a las calles en una pequeña carreta donde llevaba grandes bidones con esta mercancía. Las personas que compraban les acercaban jarras para que el lechero las llenara con leche.

Las vacas son ordeñadas por medio de una maquinaria que simula la succión del ternero. Se trata de máquinas higiénicas que extraen gran cantidad de leche rápidamente y sin dañar la ubre.

Un adelanto sanitario

A mediados del siglo XIX el científico francés Louis Pasteur comprobó que cuando ciertos alimentos eran expuestos a temperaturas superiores a los 60 °C (140 °F), disminuía notablemente la cantidad de microorganismos que estaban presentes en ellos. Unos años después este tratamiento se utilizó en las leches crudas y los resultados fueron exitosos. Así surgió la pasteurización, un novedoso método que alargaba la vida útil de la leche y era a la vez una eficaz herramienta sanitaria.

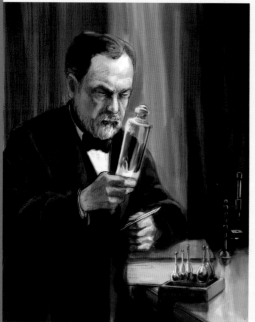

En la planta procesadora la leche se somete a tratamientos térmicos que permiten eliminar una gran cantidad de microorganismos patógenos. Hay otros tratamientos que le dan mayor durabilidad, le agregan minerales y vitaminas y permiten obtener distintos tipos de leche (fortificada, descremada, con fibras, condensada…).

Antiguamente el ordeño se hacía manualmente y en los establecimientos lecheros había peones destinados a esta tarea. Hoy sigue vigente en los pequeños poblados, donde los campesinos aún tienen granjas con animales para el consumo familiar.

Para extraer la leche, el ordeñador toma con la mano el pezón de la vaca a lo largo; mientras presiona la parte superior con los dedos pulgar e índice, los demás dedos van apretando y ejerciendo una presión hacia dentro y abajo.

La leche que se extrae de la vaca está a la temperatura corporal del animal, es decir, a unos 37 °C (98.6 °F). Esta leche se llama cruda, pues no ha sufrido ningún tipo de tratamiento para el consumo seguro.

La leche viaja desde la máquina de ordeño hacia unos recipientes de recolección por medio de tubos herméticos que la van enfriando por el camino. Al llegar al tanque de frío, la leche está a menos de 4 °C (39 °F). De esta manera se reduce al máximo la posibilidad de contaminación.

La leche cruda se transporta hasta las plantas procesadoras en camiones cisterna llamados termos de recolección.
Los tanques de estos vehículos mantienen la baja temperatura de la leche y cuentan con tecnología para sacar muestras y evaluar su densidad.

La leche es envasada en diversos recipientes (botellas, cartones, etc.) y enviada a los comercios en camiones frigoríficos.

¿**Cómo** se comportan los gatos?

Los gatos son carnívoros y, como cualquier otro felino, tienen muy desarrollados los sentidos del olfato, la vista y el tacto. En la naturaleza viven de forma aislada, y por lo tanto son más autónomos e independientes que los animales que viven en grupo. Además son muy territoriales. Desde pequeños compiten con sus hermanos por estar más cerca de su madre cuando maman. Cuando crecen, practican técnicas de predación para lograr ser efectivos en la caza.

Marcando territorio

Los felinos en general arañan los árboles con sus garras para mantener las uñas bien afiladas, pero también para marcar su territorio. Entre sus dedos hay glándulas que secretan un olor que queda impregnado en el lugar arañado.

Se cree que el ronroneo es un sonido que aprenden a producir en la infancia para que su madre los reconozca. En el caso de los gatos adultos es un signo de agrado y subordinación a su amo.

Un cachorro elige un objeto cualquiera para convertirlo en su presa y practicar las técnicas de caza.

Te reconozco

En el hocico, alrededor de los ojos, en la barbilla y al lado de la boca los gatos tienen glándulas que secretan un olor propio. Cuando se frotan sobre las piernas de una persona o en los muebles, marcan lo que es de su propiedad. Generalmente hacen esto cuando se sienten contentos y relajados.

Felinos

Los gatos son los felinos más pequeños que existen, pero mantienen las conductas de caza de todos los felinos mayores y también muchas de sus características físicas. Son sigilosos cazadores, hábiles trepadores y expertos depredadores. Se cree que el gato salvaje africano es su ancestro más cercano.

El movimiento de la cola es un signo de inquietud y no de alegría, como sucede en los perros. Cuando juegan y están entretenidos, la cola se mantiene erguida y recta.

Usan sus patas delanteras para empujar, manotear y atrapar objetos. Cuando las doblan es señal de que están jugando y de que no hay necesidad de resistirse. En el momento del juego no sacan las garras.

Los bigotes reflejan el estado de ánimo del gato. Cuando está relajado, contento y con ganas de jugar, los bigotes están completamente extendidos; cuando siente curiosidad, se dirigen hacia delante; pero si tiene miedo o está irritado, se echan hacia atrás.

Las orejas pueden moverse en todas direcciones. Cuando el gato está relajado, las mantiene erguidas y móviles; cuando está peleando, las echa hacia atrás para evitar mordeduras o heridas; cuando está enfadado, las lleva hacia delante.

Un buen amigo

Existen más de 60 razas de gatos, aunque las más populares y conocidas son, entre otras, angora, siamés, persa (con más de 200 variedades) o balinés. Al igual que los perros, cada raza es distinta no solo por su aspecto, sino por sus actitudes y carácter.

La boca se mantiene abierta solo para oler. Cuando un gato está asustado o irritado, en cambio, muestra los dientes y sisea porque se siente amenazado.

47

¿**Cuáles** son las aves de corral?

S e trata de aves domésticas que se crían en granjas y sirven para el uso familiar o comercial a pequeña escala. Se aprovechan fundamentalmente para el consumo de sus huevos y su carne. Entre las aves de corral podemos encontrar gallinas, patos, gansos, codornices y hasta palomas. Las plumas de algunas de ellas se utilizan para rellenar almohadones y sus excrementos son un abono excelente.

Para las aves ponedoras hay un sector en el corral llamado nidal. Allí se les proporcionan nidos para que pongan sus huevos.

Los pavos son originarios de América. Son animales de buen porte y los machos suelen ser mucho más grandes que las hembras.

Los gansos emiten un sonido fuerte, llamado graznido, especialmente ante desconocidos o animales que pueden atacar el corral. Por eso son considerados tan guardianes como los perros.

En los comederos se coloca alimento con un balance adecuado de glúcidos, minerales, vitaminas, proteínas y grasas en las cantidades adecuadas para el buen desarrollo de los animales. Las aves que se usan para proveer de carne necesitan proteínas, mientras que las ponedoras de huevos requieren más minerales.

Aves de caza

Hay aves, como las perdices, los faisanes y los patos salvajes, que se consideran semidomesticadas y de caza, aunque se crían en cautiverio por su carne. Viven cerca de las orillas de los ríos donde hay matorrales. Al igual que las aves de corral, suelen vivir a ras del suelo, donde encuentran alimentos y lugar para anidar.

El avestruz, ¿un ave de corral?

El avestruz es un ave corredora originaria de África. Desde hace años, en Sudáfrica, se consume más carne de esta ave que de cerdo o de pollo. Se ha descubierto que es un animal sumamente completo, del que nada se desperdicia. Se utilizan la piel, la carne, las plumas y los huevos. Por eso hoy existen criaderos en casi todo el mundo.

En casi todas las especies, los machos tienen un plumaje más vistoso que el de las hembras.

Como las aves no tienen dientes, para triturar los granos de maíz picotean el suelo y tragan piedras pequeñas y granos. En el buche, los granos se mueven de un lado a otro y terminan de triturarse con la ayuda de las piedras.

Las aves de corral son animales de cuerpo grande y más bien pesado, con alas cortas que no les permiten levantar el vuelo.

Los patos necesitan un espacio para nadar o al menos para introducir la cabeza y refrescarse. Pero el agua no debe estar estancada porque puede ser un foco de enfermedades tanto para ellos como para los demás animales del corral.

Debajo de las plumas grandes, los patos y los gansos tienen unas delicadas plumas que se aprovechan para rellenar almohadas, edredones y abrigos de calidad.

¿**Qué** es una pecera?

E s un recipiente de cristal en el que se reproduce un determinado ambiente acuático: se colocan peces, plantas y otros seres acuáticos para exhibirlos. Para que se pueda mantener la vida en este espacio tan reducido es necesario que los peces y las plantas sean adecuados a un tipo de ecosistema, es decir, que reproduzcan sitios donde vivirían juntos de manera natural.

Acuarios

En los más importantes zoológicos del mundo, e incluso en algunos museos de ciencias naturales, hay gigantescos acuarios que permiten al público conocer a los animales y las plantas propios de los distintos ecosistemas acuáticos (océanos, aguas frías, aguas tropicales). El más grande es el Acuario de Georgia, situado en la ciudad de Atlanta (Estados Unidos), y alberga rayas, tiburones y hasta algunas especies de ballenas cuyos movimientos pueden ser observados desde diferentes lugares, ya que todo está construido con enormes paneles de vidrio.

Las plantas acuáticas realizan la fotosíntesis; por lo tanto, liberan oxígeno que es aprovechado por todos los organismos.

La vida bajo el agua

Los peces son animales vertebrados adaptados a vivir en el agua. Para respirar cuentan con branquias, unas hendiduras que tienen a los lados de la cabeza con una infinidad de capilares que captan el oxígeno del agua y liberan dióxido de carbono. Su cuerpo es alargado y termina en una cola que sirve de timón. Poseen además aletas que colaboran en el movimiento y una bolsa de aire, llamada vejiga natatoria, que se llena o se vacía de aire y los ayuda a ascender o descender, respectivamente. La piel de los peces está cubierta por unas placas, llamadas escamas, que ofrecen menor resistencia en el agua.

En el suelo de la pecera se colocan unas placas que actúan como filtros, ya que retienen, degradan y eliminan los desechos y las impurezas. La grava que se coloca sobre las placas, además de servir de soporte para las plantas acuáticas, permite que los desechos que caen (hojas muertas y excrementos) se mantengan abajo y no contaminen el agua.

Un lago artificial

En algunos jardines se construyen estanques, que son pequeños lagos artificiales, bastante más grandes que una pecera, y se utilizan para el mantenimiento y la reproducción de peces decorativos. Sin embargo, suelen incluir también animales que viven en charcas y lagos, como caracoles, sapos, ranas, renacuajos y larvas de muchos insectos, que además sirven de alimento a los peces. Las plantas son fundamentales en los estanques, ya que limitan la reproducción de las algas y oxigenan el agua.

Si la pecera tiene plantas, es conveniente incorporar un tubo de luz fluorescente, que irradia el espectro de luz que estas necesitan sin transmitir calor.

Para que el agua tenga una temperatura constante (en el caso de peceras con peces de aguas tropicales), se introducen dispositivos eléctricos que la mantienen generalmente alrededor de los 26 ºC (78 ºF). La temperatura es controlada por medio de un termómetro que se adhiere al exterior de la pecera.

En las peceras se colocan aireadores que mantienen los filtros de la placa y a la vez oxigenan el agua.

En una pecera debe haber peces que convivan naturalmente en un mismo ecosistema. Así, los de aguas cálidas no podrían sobrevivir junto a los de agua fría, pues las condiciones ambientales matarían a unos o a otros. También hay que conocer los hábitos de cada especie para no juntar depredadores y presas.

¿**Cómo** se comportan los caballos?

Los caballos son animales gregarios y, por lo tanto, tienden a vivir en manadas. No se diferencian demasiado de sus antecesores salvajes y muchas de sus actitudes y sus comportamientos les permiten comunicarse con otros miembros de su grupo y expresar lo que desean. Los ojos, las orejas, los labios, la cola y su postura muestran indicios de lo que les pasa.

Caballos salvajes

En la naturaleza los caballos viven en grupos organizados con claras jerarquías, es decir, con rangos específicos que los animales ocupan dentro del grupo. Las yeguas heredan su rango, pero el macho debe luchar para alcanzar una buena posición. El líder es el que marca el rumbo y todo el grupo lo sigue; esto hace que en situaciones de peligro la manada no se disperse. Por su parte, los potros siguen a sus madres, y estas, al líder.

Para limpiar su pelaje, estirar sus músculos y desentumecerse, los caballos ruedan con el lomo apoyado en el suelo.

Las orejas son móviles y cambian de posición según su estado de ánimo. Las orejas adelantadas son un signo de curiosidad e interés, pero si se echan hacia atrás es porque el animal está asustado y nervioso.

Los caballos se huelen para identificarse. Rozan su hocico contra el pelaje de los otros miembros de la manada y hasta se dan suaves mordiscos para reconocerse.

Irritado y peligroso

Cuando un caballo está
nervioso suele golpear
repetidamente los cascos
contra el suelo, levantar su
cola, abrir desmesuradamente
sus ollares (los orificios de
la nariz) y resoplar con mucha
fuerza. Un caballo asustado
puede ser muy agresivo.

Pelea cuerpo a cuerpo

Cuando los caballos pelean
por el liderazgo dentro de una
manada o quieren exhibirse
frente a las hembras, resultan
muy peligrosos. Son capaces
de encabritarse o empinarse,
es decir, ponerse de pie sobre
sus patas traseras y dar patadas
en el aire para intimidar a su
rival. En esta postura sus patas
delanteras son las que dan
equilibrio al cuerpo.

Siempre alerta

En estado salvaje los caballos podrían resultar
presa fácil de los animales cazadores.
Han desarrollado la capacidad de dormir
de pie, y pueden pasar varias horas del día
durmiendo en intervalos de unos 30 minutos
aproximadamente. Para descansar cierran los
ojos y bajan un poco la cabeza.

Fleischmann

Los caballos poseen un órgano en la parte
superior del paladar que se conecta con la boca
y la cavidad nasal. Para olfatear y detectar
olores levantan la nariz, alzan el labio superior y
llenan su boca de aire. Esta acción, que se llama
fleischmann, les permite saber si una hembra está
en condiciones de aparearse.

Los potrillos suelen jugar,
y es normal que se muerdan
las crines como parte del juego.

Cuando un caballo está
relajado, entrecierra los ojos
y se muestra tranquilo.

¿**Cómo** viven las cacatúas?

Las cacatúas *(Cacatuidae sp.)* son aves originarias de las selvas y los bosques de Oceanía y Asia. Existen más de 15 especies, que se diferencian básicamente, por el color de su cuerpo y el de su copete. Son parientes de los papagayos, pero suelen ser más grandes que estos y tienen un plumaje suave, aunque menos colorido. Viven en las copas de los árboles, adonde llegan volando y trepando con la ayuda del pico y las patas. Se alimentan de frutos y semillas, que encuentran en los árboles, y de larvas de insectos, que hallan en las maderas secas.

Las cacatúas viven en las alturas y aprovechan los huecos de los árboles o de los acantilados para hacer sus nidos.

Sobre la cabeza, tienen un copete de plumas retráctiles que se extienden o se repliegan para mostrar sus emociones y cortejar a la hembra.

Es muy difícil distinguir a las hembras de los machos. En algunos casos, la diferencia es el color de las plumas o el largo de la cola. Hay especies en las que las hembras tienen ojos marrones, y los machos, negros.

El pico es curvo y fuerte, semejante al de los loros y los papagayos, y les permite abrir las cáscaras de las semillas con facilidad. Suelen picotear trocitos de madera para desgastarlo.

Les gusta vivir en grupos de cientos de individuos, pero en la época de cría eligen vivir en pareja. Cuando la hembra pone los huevos en el nido, el macho se turna con ella para incubarlos.

Las patas cuentan con dos dedos dirigidos hacia adelante y uno hacia atrás que les sirven para trepar y sostener los alimentos.

Un reflejo amistoso

En cautiverio, tanto las cacatúas como los periquitos necesitan la atención permanente de sus dueños. Muchas personas les cortan parte de las alas y los dejan libres dentro de la casa para que sientan que tienen más espacio.

Como son animales que en la naturaleza viven en grupos, les encanta «charlar» con su imagen reflejada en el espejo.

Viven en grupos llamados colonias. Suelen distribuirse las tareas: mientras algunas buscan alimento en el suelo, otras vigilan desde las alturas. En caso de peligro, alertan a los demás con un fuerte chillido.

Del huevo a la madurez

Después de la puesta, el polluelo tarda un mes en salir del huevo. En el momento del nacimiento, carece de plumas y tiene los ojos cerrados. Tres semanas después abre los ojos y comienza a tener plumas que parecen púas. El pico empieza a endurecerse. Al mes, logra tener control de su cuerpo, se yergue y estira su cuello para recibir los alimentos. Alrededor del mes y medio el plumaje está completo y el copete se hace notorio. En un tiempo más, el pichón ensayará sus primeros vuelos.

Las hembras ponen entre dos y tres huevos. Los pichones recién nacidos dependen totalmente del cuidado de sus padres.

¿**Cómo** se crían las cabras?

Las cabras (*Capra*) son animales de granja con un gran potencial, especialmente para los pequeños productores. Son herbívoras y precisan pocos cuidados. Se adaptan a diversas condiciones climáticas y proveen de carne, leche y lana. Se trata de animales sumamente dóciles que han sido domesticados hace unos 9000 años. El ganado de cabras se denomina caprino.

Al igual que las ovejas, las cabras se esquilan por su pelo largo, fino y sedoso, y con él se elaboran lanas de gran calidad.

Son rumiantes medianos, con patas cortas y macizas. Se alimentan de plantas y arbustos duros que otros animales no podrían digerir.

La preñez de las hembras dura cinco meses y suelen tener camadas de dos cabritos, que se alimentan de leche materna durante más de 30 días.

Son animales fuertes, acostumbrados a vivir a la intemperie en climas muy rigurosos. Sin embargo, las cabras de cría reparten su tiempo entre las praderas y los establos, especialmente durante las noches, cuando llueve o el clima no es propicio para su desarrollo.

Su leche es altamente nutritiva y fácil de digerir. Con ella se preparan quesos muy valorados por su suavidad. Las cabras lecheras pueden dar alrededor de 3 litros (0.79 gal) de leche al día.

En muchos países de América del Sur, especialmente en zonas montañosas, las cabras se utilizan para transportar pequeñas cargas.

Ellos y ellas

El macho se diferencia notablemente de la hembra, en especial por sus cuernos largos y robustos y por su pelaje, generalmente más espeso y llamativo. Otra gran diferencia es que los machos poseen una barba que no aparece en las hembras. Los machos se suelen denominar chivatos o machos cabríos, y las crías, cabritos.

Alimentación caprina

En invierno las cabras pueden alimentarse de lo que encuentran: hierbas, cortezas o líquenes. Pero durante la primavera y el verano prefieren comer brotes, frutos y flores de las matas y los árboles. Para alcanzar los brotes más tiernos se ponen de pie sobre sus patas traseras y estiran su lengua carnosa y prensil con la que toman las hojas. De pie sobre dos patas las cabras pueden alcanzar ramas situadas a 2 m (6 ft) de altura.

Los excrementos de las cabras se utilizan como abono y fertilizante del suelo.

Además de mucha agua, necesitan una cantidad diaria de sal. En estado natural, es común verlas lamiendo las piedras para extraer los minerales que hay en ellas.

Son animales tímidos que en estado natural suelen vivir en grupos. Tienen un gran olfato y un excelente oído.

Las patas terminan en pezuñas. Su interior mullido les permite dar saltos y poder aferrarse sin caer.

¿**Qué** animales exóticos se han convertido en mascotas?

En los últimos tiempos la elección de mascotas ha variado: del perro, el gato o el canario se ha pasado a animales como guacamayos, serpientes, lagartijas, iguanas, pirañas, tucanes, tarántulas, escorpiones, mapaches, ardillas, hurones y algunas especies de monos. Estos animales se denominan exóticos porque pertenecen a la fauna natural de bosques, selvas y desiertos, y no son propios del lugar en el que se introducen. El problema es que la mayoría de la gente no sabe cómo cuidarlos y muchas veces son abandonados en los campos, convirtiéndose así en especies invasoras que causan verdaderos problemas en los ecosistemas.

Los hurones son animales que necesitan cuidados semejantes a los de los gatos, incluso con respecto a la vacunación. Pueden comer alimento especial para gatos y completar su dieta con huevo duro e hígado.

Los reptiles, como ciertos lagartos y camaleones, necesitan una fuente de calor que les permita regular su temperatura corporal. Además, deben contar con alimentos frescos y agua para hidratarse, ya que, a pesar de vivir en ambientes cálidos, también necesitan incorporar agua a su organismo.

Las serpientes son animales propios de ambientes tropicales y deben mantener condiciones climáticas semejantes a las de su hábitat. Para ello se utilizan focos de luz infrarroja y generadores de bruma que mantienen la humedad en el serpentario.

Un cuidado responsable

En España, la protección de los animales, tanto autóctonos como no autóctonos, está regulada por tratados y convenios internacionales, comunitarios y estatales. Todas las personas interesadas en criar animales denominados «exóticos» deben ser autorizadas previamente para ello por los correspondientes departamentos de Medio Ambiente locales, autonómicos o estatales. Asimismo, los ejemplares de muchas especies no autóctonas deben inscribirse en un registro general de animales de compañía. El motivo de ello es asegurar la protección y seguridad tanto de las personas como del medio ambiente. Muchos animales exóticos son abandonados cuando sus dueños descubren que necesitan cuidados que no pueden proporcionarles. Esto, además de ponerlos en peligro al ser liberados en un medio al que no están acostumbrados, puede convertirlos en una amenaza para la biodiversidad de la región.

Desiertos en casa

Muchas personas preparan terrarios con características parecidas a las de determinados ecosistemas. Así, para criar animales de desierto se reproduce el clima propio de la región por medio de placas térmicas y luces especiales.

Para los reptiles que toman agua de rocío de las hojas, el agua se introduce mediante un sistema de goteo o bien utilizando vaporizadores.

Los coatíes son mamíferos típicos de las zonas más cálidas de América. Tienen un hocico largo y puntiagudo y sus patas terminan en uñas fuertes que les permiten horadar los suelos más duros. Se alimentan de insectos, frutas, huevos y carne.

Los erizos de tierra son animales insectívoros, pequeños y cubiertos de púas. Se crían y se reproducen fácilmente en cautiverio y, al igual que los gatos, utilizan areneros para depositar sus excrementos. Requieren insectos para alimentarse, un clima templado todo el año y una guarida donde descansar.

Las mofetas tienen glándulas perianales que les dan un olor característico. Si son adoptadas como mascotas, con frecuencia se les extirpan por medio de una intervención quirúrgica.

Las tarántulas son arañas que se alimentan de insectos, como moscas, langostas, cucarachas y grillos. El agua no se les ofrece directamente, sino por medio de un algodón empapado o vaporizando el sitio donde viven. Suelen habituarse a vivir en recipientes de vidrio con tapa y una superficie de piedras donde esconderse fácilmente. Si se enfadan, pueden desprender pelos irritantes de sus patas traseras.

¿**Qué** animales se han adaptado a la vida urbana?

Las ciudades constituyen ecosistemas artificiales únicos y la mano del ser humano está presente en cada uno de los espacios que los componen. Sin embargo, muchos animales han adaptado su forma de vida para sobrevivir allí: la basura y los desperdicios les sirven de alimento, y encuentran infinidad de recovecos para refugiarse, descansar y reproducirse sin temores. Muchos de ellos están más seguros en las ciudades, porque allí no habitan sus depredadores naturales.

Las cigüeñas se han adaptado desde hace muchos años a vivir en las torres más altas de las ciudades europeas. Llegan en primavera y se instalan en los mismos nidos que construyeron tiempo atrás.

Las lechuzas y los búhos eligen los edificios más antiguos y altos para anidar y conseguir sus presas.

El estornino es un pájaro que se alimenta de lombrices e insectos, aunque también puede comer los restos de alimentos que encuentra a su paso. Por eso, y porque suele adueñarse de los nidos de otros pájaros, se ha adaptado tan bien a la vida urbana.

Las salamanquesas son pequeños reptiles que habitan en las terrazas y los jardines de las ciudades. En sus patas poseen unas ventosas que les permiten adherirse a las paredes y trepar por ellas.

Los lagos y estanques de los parques son frecuentados por aves acuáticas, como patos y cisnes, que además de encontrar un sitio donde zambullirse son alimentadas por los paseantes, a cuya presencia se acostumbran fácilmente.

Peligro: animales en la carretera

Los alces son cérvidos grandes y pesados que se han adaptado a vivir muy cerca de las poblaciones y representan un grave peligro para los conductores de automóviles. Las carreteras les resultan muy prácticas porque en ellas hace menos frío en invierno, y por lo tanto hay menos nieve. Además hay menor cantidad de tábanos que en los bosques y las hierbas crecen bien en los bordillos.

Los más cercanos

Los perros y los gatos son animales que llevan miles de años en contacto con el ser humano, tanto es así que es difícil imaginar que alguna vez vivieron en estado salvaje. Los perros están entre los mamíferos más conocidos del mundo y tomaron al ser humano como jefe de su manada en tiempos prehistóricos. Los gatos fueron adoptados y venerados por muchos pueblos de la Antigüedad, y hoy viven casi en su totalidad en los hogares, como mascotas, o libremente en las ciudades del mundo.

En las ciudades portuarias es frecuente ver lobos marinos. Los puertos son ideales para estos monumentales mamíferos, porque en ellos consiguen peces y además están protegidos de las orcas y los tiburones del mar abierto, que son de sus depredadores naturales.

Los mapaches son carnívoros y usan sus patas delanteras para tomar y sostener los alimentos. Por eso no les resulta difícil encontrar comida en los cubos de basura. Se instalan en las hendiduras de los techos de las casas y allí cuidan a sus crías. También suelen pasearse por los jardines.

Las ardillas son roedores que habitan en los bosques. Debido a la desaparición de su hábitat natural, muchos se han adaptado a la vida de la ciudad.

Los murciélagos son mamíferos voladores que se han adaptado a vivir en la parte superior de algunos edificios o debajo de los puentes. Producen sonidos de alta frecuencia que, al chocar con los objetos, rebotan y les permiten localizar a sus presas y los objetos de su entorno.

Los alacranes o escorpiones son animales emparentados con las arañas y, al igual que ellas, conviven con los seres humanos en todos los ambientes desde tiempos muy antiguos. Se alimentan de insectos, especialmente de cucarachas, tan típicas de las ciudades. Habitan en los túneles y en las cloacas, donde hay humedad.

LA TIERRA

ANIMALES SALVAJES

LOS INVENTOS QUE CAMBIARON EL MUNDO 1

MEDIOS DE TRANSPORTE

EL UNIVERSO

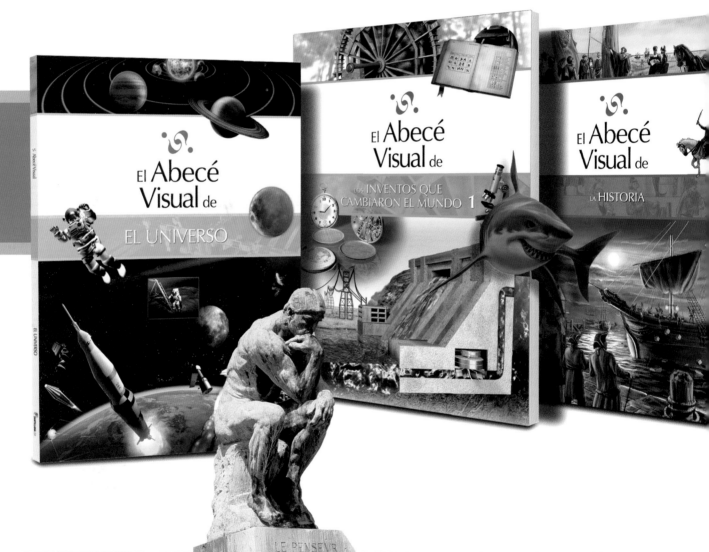

El Abecé Visual de
EL UNIVERSO

El Abecé Visual de
LOS INVENTOS QUE CAMBIARON EL MUNDO 1

El Abecé Visual de
LA HISTORIA

LE PENSEVR

PLANTAS Y FLORES

LOS INSECTOS

PAÍSES, RELIGIONES Y CULTURAS DEL MUNDO

MITOS Y LEYENDAS UNIVERSALES

BOSQUES, SELVAS, MONTAÑAS Y DESIERTOS

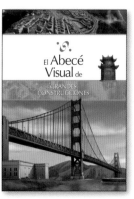

El Abecé Visual de
por DINOSAURIOS Y OTROS
ANIMALES PREHISTÓRICOS

El Abecé Visual de
VIAJEROS Y
EXPLORADORES

El Abecé Visual de
LA CIUDAD POR DENTRO
Y POR FUERA

El Abecé Visual de
GRANDES
CONSTRUCCIONES

El Abecé Visual de
EL CUERPO HUMANO

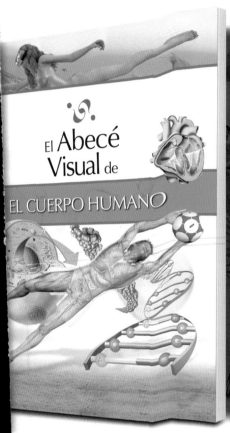

El Abecé Visual de
EL CUERPO HUMANO

El Abecé Visual de
MITOS Y LEYENDAS
UNIVERSALES

«Students establish a base of knowledge across
a wide range of subject matter by engaging with
works of quality and substance.»

*–Common Core State Standards
for English Language Arts & Literacy in History/
Social Studies, Science, and Technical Subjects, p. 7*

A great addition to a CCSS-oriented collection

Common-Core
Quality & Substance
www.CommonCore.SantillanaUSA.com

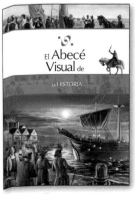

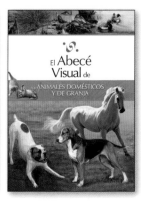

El Abecé Visual de
por INVENTOS QUE
CAMBIARON EL MUNDO 2

El Abecé Visual de
LA HISTORIA

El Abecé Visual de
por ANIMALES DOMÉSTICOS
Y DE GRANJA

El Abecé Visual del
ARTE

El Abecé Visual de
MARES, OCÉANOS,
LAGOS Y RÍOS